Lutte, combat, acceptation

DMLA

Comment ça commence

Yvette Ostermann

Yvette Ostermann

DMLA

Comment ça commence

Lutte, combat, acceptation

Biographie - Mémoire

Mentions légales

© 2022 Yvette Ostermann

Édition : BoD – Books on Demand, info@bod.fr
Impression : BoD – Books on Demand, In de Tarpen 42, Norderstedt
(Allemagne)

Impression à la demande

Illustration : Yvette Ostermann

ISBN : 978-2-3224-4215-7
Dépôt légal : Septembre 2022

Préface

Lettre ouverte à ma petite maman

Lorsque tu m'as invité à faire la préface de ton dernier ouvrage sur la DMLA, je me suis dit intérieurement que cela était une merveilleuse opportunité de te rendre hommage pour tout ce que tu m'as apporté dans ma vie. J'aurais aimé avoir la plume d'Albert Cohen quand il rédige le livre de ma mère, sublime chant d'amour émouvant et délicat.

Loin de moi l'idée de faire une préface académique, ce qui n'aurait aucun sens ici, mais juste d'apporter le témoignage de l'affection d'un fils pour sa mère, doublée d'une admiration pour ton insatiable curiosité et soif de comprendre le monde qui nous entoure et qui souvent te révolte. Admirer, ce n'est pas vénérer, c'est se nourrir ce qui rend possible de devenir Soi. Ta créativité, je l'ai toujours connue aussi loin que je me rappelle, à travers la transmission orale des contes et légendes du monde entier, puis le goût pour la musique, la poésie, le dessin et les aquarelles et bien d'autres choses encore. Je suis heureux et fier d'avoir pu participer à l'édition de ton ouvrage de poésie : en effeuillant la vie. Mais la vie n'est pas un long fleuve tranquille et tu es bien placée pour le savoir.

Traumatisme glaçant du diagnostic quand le spécialiste t'annonce :

« Madame, non seulement vous avez la DMLA, mais vous avez la cataracte aux deux yeux et un glaucome aux deux yeux ! »

Voici la terrifiante DMLA, et pourtant la mal nommée !

En effet, si la dégénérescence maculaire liée à l'âge est la première cause de handicap visuel chez les personnes de plus de 50 ans, ce n'est pas uniquement à cause de leur âge! En cas de DMLA, la partie de l'œil endommagée est la macula. C'est la zone centrale de la rétine : elle comprend une petite dépression appelée fovéa. C'est à cet endroit que se concentrent les cônes, ces photorécepteurs qui permettent la vision de jour et la perception des couleurs. Cette partie de l'œil est très vascularisée, elle est irriguée par de nombreux vaisseaux sanguins. La maladie se déclare à la suite de lésions au niveau de ces vaisseaux. Des lésions qui ne sont pas seulement liées à l'âge mais au fait que les cellules de la rétine consomment beaucoup d'oxygène, provoquant une production soutenue de radicaux libres. Le stress, une mauvaise alimentation (il est possible d'évoquer ici les carences durant la dernière guerre) , la pollution et la liste n'est pas exhaustive peuvent jouer dans la genèse de la maladie.

Il est toujours bien difficile d'arriver à se représenter ce que l'on peut ressentir quand une tache noire apparaît dans le champ de vision, que les lignes sont floues et déformées et que l'on ne peut plus lire ou écrire comme avant. Comment faire alors pour affronter un nombre incalculable de difficultés au quotidien entravant l'autonomie. Je sais à quel point par exemple, le fait de ne plus pouvoir conduire ta voiture a été vécu comme une amputation. Le langage n'a sans doute d'accessible que l'indicible et l'indéchiffrable. L'accès n'est ni dedans ni dehors introuvable et pourtant là.

Tu as toujours été orfèvre dans le tissage des mots mais également experte dans le tricot que tu m'as d'ailleurs enseigné « un peu » à l'âge de cinq ans. Pour paraphraser Jean-Paul Sartre, l'essentiel n'est pas ce que la vie a fait de toi mais ce que toi-même as fait de ce que la vie a fait de toi et le moins que l'on puisse dire c'est que tu as su développer une belle résilience. Pour reprendre le propos de Boris Cyrulnik, « la résilience est un tricot qui noue une laine développementale avec une laine affective et sociale (...) la résilience n'est pas une substance, c'est un maillage ». On ne peut pas l'objectiver à un moment T puisque c'est une « théorie de vie » qui se noue et se dénoue continuellement. La métaphore du tricot n'est pas qu'une vision de « bonne femme ». C'est au contraire une image kinesthésique qui exprime le temps qui passe et le geste qui le poursuit pour le fixer. Une perspective d'ouverture sur les événements fait considérer que dans ce continuum, rien n'est jamais définitif et comme le dit si joliment Boris Cyrulnik, « les mailles sautées du tricot peuvent toujours être reprises et retricotées ». Ce processus de reprendre un nouveau développement, c'est aussi grâce à la présence de tuteurs de résilience, et l'occasion m'est ici donnée d'exprimer ici ma totale gratitude à ton Amie Josye, pour sa présence et accompagnement au quotidien, et ce, dans la totale gratuité !

Comment ne pas terminer cette lettre ouverte par un hommage à ceux que l'on nomme, à tort, les mal-voyants ? Ils ne sont pas seulement « encadrés par l'invisible », ils vivent dans l'invisible. Et leur expérience nous apprend beaucoup sur nous-mêmes, sur toutes les facultés endormies dans un monde qui privilégie, lui, le visible. Tu le dis très souvent et à juste titre : les pouvoirs publics ont encore beaucoup à faire pour accompagner les personnes qui souffrent de ce handicap.

Saint-Exupéry a dit vrai :
« On ne voit bien qu'avec le cœur, l'essentiel est invisible pour les yeux. »

Gerard Ostermann : site internet : ***https://www.gerardostermann.fr***

**DMLA en clair,
c'est la dégénérescence maculaire liée à l'âge.**

DMLA en clair,
c'est la dégénérescence maculaire liée à l'âge.

L'âge, le tabac, et la prédisposition génétique sont les principaux facteurs de risque.
C'est une dégénérescence de la zone centrale de la rétine responsable de la vision des détails appelée la MACULA. On en distingue deux formes :

1) la forme atrophique ou (sèche) pas de traitement, mais des compléments alimentaires peuvent être pris en prévention.

2) La forme exsudant ou néo vasculaire dite (humide) : prolifération de vaisseaux anormaux. Cette forme évolue très vite, mais peut être améliorée, ralentie, voire stoppée grâce à de nouveaux médicaments.

Début de la DMLA
En ce qui me concerne, c'est la première version, la sèche. Un jour, j'ai vu sur mon compteur automobile, par un jour d'été et de grande chaleur des lignes ondulantes. J'ai cru que c'était un effet de la chaleur.

J'habitais au Blanc, dans le département de l'Indre. Il n'y avait plus d'ophtalmologiste. Je suis allée chez un opticien. Celui-ci ne s'est pas inquiété, il ne m'a pas conseillé de me rendre à la clinique Chénieux à Limoges, les jours, les mois ont passé.

Mon voisin, en retraite qui avait été ophtalmo, me rencontre et me dit : «Yvette; tu as une cataracte, il faut te faire opérer». Entretemps, un ophtalmologiste était arrivé et exerçait à l'hôpital du Blanc. Un autre s'était installé au centre de la ville en cabinet privé.

J'étais un peu dans l'attente, or, un matin, je me réveille avec un grand cercle noir dans mon champ visuel.

Me voici stressée, le cercle s'est éloigné de ma vue et lorsque j'ai ouvert mes volets, le cercle était de l'autre côté de la rue sur le mur d'en face. Je prends peur et me rends immédiatement au cabinet du spécialiste qui me reçoit entre deux patients et me dit sans ambages le coup de grâce : Madame vous êtes atteinte de la DMLA. Je vous conseille de prendre rendez-vous avec la Clinique Chenieux de Limoges.

Rentrée à la maison, je téléphone et prends rendez-vous à la clinique, une date est donnée pour un délai assez court.

Lors de l'examen à la clinique, un deuxième coup de grâce me tombe sur la tête : «Madame, non seulement vous avez la DMLA, mais vous avez la cataracte aux deux yeux et un glaucome aux deux yeux»

Je repars, complètement abasourdie, démoralisée et ce n'est pourtant pas dans ma nature.

Un certain âge

Vous avez un certain âge,
On peut dire ; un âge certain.
Vous aviez oublié d'être sage,
Le nombre des années? c'est fou,
Le compte n'est pas pour vous.
Mais, un esprit malin,
Remit les pendules à l'heure,
Un jour, un beau matin,
La réalité bouleversa votre coeur:
Douleurs, arthrose cervicale
Articulations quelque peu douloureuses
Vision on peut avouer, point optimale.
Vous vous sentez déprimée, malheureuse,
Deux cercles noirs
Brouillent ce matin votre vue.
On vous assène la vérité:
Il faut se faire une raison et le croire
Que désormais votre rétine est usée.
C'est le coup de grâce, la réalité toute nue.
Un conseil:évitez de conduire
Pour des trajets un peu longs.
Pour de petites courses, bien sûr
Vous pouvez prendre le volant.
Dans votre poitrine, le coeur fait un bond.

Y a-t-il un remède?
Non, on ne peut rien vraiment,
C'est l'usure du temps tout simplement.
Sans entracte, sans intermède,
Vous repartez, le pas chancelant.
Les larmes voilent le reste de votre vue.
La vie a-t-elle un sens?
Est-ce que le soleil brillera
Sur ces derniers jours là?
J'avais encore tant à raconter,
J'avais encore tant à inventer!
Je n'ose même plus pleurer,
Je crains de fermer les yeux.
Je suis seule, si désemparée…
Korrigans et lutins, je vous en prie,
Venez vite me mettre le pied à l'étrier,
C'est là ma demande et mon voeu.
Comment trouverai-je le courage
De me mettre à l'ouvrage?
Seigneur, encore une fois, je vous supplie
Ne m'abandonnez pas à ce triste sort,
Redonnez-moi un nouvel essor
Comme celui qui combla toute ma vie.
Merci Seigneur.

Charentaise dans son enfance

De retour au Blanc, je prends contact avec l'Hôpital du Blanc pour l'opération de la cataracte, car il m'est difficile de me faire opérer à Limoges situé à 100 km du Blanc et je suis seule sans personne pour m'accompagner.

Je suis opérée pour l'oeil droit le premier décembre 2008 et de l'oeil gauche le 23 décembre 2008.

Bien entendu des collyres sont prescrits pour la convalescence de la cataracte et pour éviter une dégradation du glaucome qui risquerait de m'emmener vers une cécité.

Je ne dirai pas que le moral est au beau fixe. Je ne déprime pas vraiment, mais je n'ai plus envie de vivre avec ce handicap qui me prive de tout ce que j'aimais faire

Les amis et les amies ont été très réconfortants, ils n'ont pas cessé de me dire : « On a besoin de toi ».

Bon, on ne va pas abandonner, on va se battre on va s'adapter.

Charentaise dans son enfance

Charentaise par sa naissance,
Limousine dans son enfance,
Berrichonne d'adoption,
Blancoise par vocation,
Mais néanmoins Française.
Elle aime tout de la vie.
Les gens et les bêtes,
Le tricot et la broderie,
Le dessin, la tapisserie,
La peinture, la poésie.
Pour la connaître mieux encore,
Lisez «En Effeuillant la Vie».
Vous y partagerez ses trésors.
A moins que vous ne lisiez encore
De «L'Amour à l'Amour»
«Coucou un coeur pour vous»
«La Muse et l'élu» et «La Brenne»
Qui règne en reine.
Retrouvez «Rationnement,Restrictions, Ingéniosité,
Recettes pendant la deuxième guerre mondiale»
Elles sont toutes géniales.
Maintenant, elle vit à Sarlat la Canéda.
La cause? La DMLA.

Je ne peux pas dire grand chose pour ce passage de ma vie, car j'ai quitté la Charente, alors que j'étais encore très petite. Les seuls souvenirs que j'ai gardés, ce sont des visites chez ma grand mère qui habitait à Goué, commune de Mansle.

Ces moments étaient ponctués de bons et de mauvais souvenirs. Bons, car il y avaient de délicieuses figues et de savoureuses pêches de vigne, mauvais, car je n'aimais pas me séparer de mes parents et c'étaient des pleurs, je ne voulais pas rester en vacances. Mauvais, car je ne pouvais pas faire plus de 10 km sans être malade en voiture. Les bons souvenirs ce sont les délices, lorsque je dégustais les figues et les pêches de vigne au goût subtil et sans pareil, mais je l'ai déjà dit, c'est bien ancré.

Limousine dans son enfance

    Comme je ne veux pas faire une autobiographie, je ne vais pas trop m'étendre sur cette étape.

    J'aurais pourtant tant à dire, car pour une enfant vivre dans un moulin aux bords de la Gartempe représente un vrai paradis. Je garde au fond de mon coeur des émotions impérissables.

Le moulin du verger

Laissez- moi vous conter
Un tableau qui m'est cher.
Pays de mon enfance;
«Le Moulin du verger».
Laissons les communales,
Et puis les vicinales.
Prenons l'allée privée
Bordée de châtaigniers.
A droite, une forêt;
Pour le moins, un bosquet.
A gauche, un haut buisson;
Des fusains, des ronciers,
Pruneliers, églantiers,
Se poussent, se disputent,
Se mêlent et se côtoient.
Chacun sa floraison,
A chacun sa saison.
chacun porte sa croix;
Comme tout être humain,
A chacun son destin .
Mais on s'est éloigné;
Suivons donc notre allée.

*Là, vous y verrez,
Un tout petit verger
Aux pommiers rabougris
Chargés de boules de gui.
Un grillage rouillé
Griffé de liserons
Clôture le potager.
Ne tournez pas en rond,
Continuez, car au pied du moulin
S'arrête le chemin.
Comme une grande main,
Aux phalanges allongées.
Et sur les bas côtés,
Des mousses festonnées,
Des renouées aux oiseaux,
Des plantains, des achillées,
Ficaires et tussilages
Emaillent de gaité
Cette bande irisée.
Il est là, ce moulin,
Avec ses pieds dans l'eau,
Ses grandes baies vitrées
Et puis ses trois étages.
Il domine la vallée.*

Suivez-moi et entrez….
Et là, vous entendez,
Un tic, tac régulier;
C'est son coeur qui bat.
Les courroies ses artères.
Quatre cylindres y digèrent
Les jolis grains de blé.
Si vous voulez monter,
Au premier, vous verrez
Un entonnoir renversé,
Appelé «chambre à son»
Au côté opposé,
Une «chambre à farine»
Sentez-vous sous vos pieds
Toutes ces vibrations?
Elles viennent de la turbine
Je vous prie, venez voir
Cet immense déversoir
L'eau y est profonde et noire
Au delà, sur l'écluse,
La Gartempe se coule,
Se glisse et puis s'écoule…
Puis dans un tourbillon,
Elle mousse, elle écume,

Comme des chevaux de trait
Au bout d'un long sillon.
Elle s'essouffle, se calme;
Prend son temps et puis hume
Les chatons de noisetiers
Qui font la révérence
à cette grande dame.
Elle saute d'une pierre à l'autre,
Entraine les goujons,
Cache les jolis vairons,
S'attarde dans une anse,
Fait trois tours, une danse,
Et comme une insouciante ,
Emmène dans sa fuite
Toutes les belles truites.
Comme elle a bien joué
Près de ce beau moulin.
La voilà fatiguée.
Ouf! arrêtons-nous un peu,
Nous reprendrons demain.

Quelques années de bonheur jusqu'à la déclaration de la deuxième guerre mondiale, mobilisation du papa. Il a fallu quitter ce beau moulin du Verger et l'arrivée de toute la famille dans une petite ville du Limousin: Bellac.

Avant de parler de ce passage dans cette localité, je voudrais parler quelque peu des épisodes qui ont marqué ma vie d'écolière lorsque je vivais au moulin. Il me fallait parcourir deux kilomètres cinq à l'aller et au retour. Ce fut des moments de plaisir lorsque je grignotais les prunelles, les mûres et les pommes pas encore mures, mais ce fut aussi de grandes peurs; car j'étais peureuse de tout et mon imagination me jouait des tours pas possible. En effet, le long de la route, il y avait quelques bosquets et pour moi, les branches d'arbres ressemblaient à des bras et des mains qui allaient m'attraper. Je partais en courant jusqu'à l'orée du bois. Il y avaient aussi des troupeaux de vaches qu'il fallait croiser et là, je crois bien que mon coeur s'arrêtait de battre.

Enfin rejoindre la classe dirigée par une toute jeune institutrice, madame vigier. Cette maîtresse était magicienne, elle m'a donné le goût de la poésie, de la peinture, des sciences naturelles, etc…

Lorsqu'elle venait s'asseoir à ma table avec sa boîte de gouache et qu'elle mélangeait les couleurs, j'étais subjuguée par ses talents, le jaune et le bleu devenaient un superbe vert, ou bien le rouge et le bleu donnaient un magnifique violet. Tous les jours de ma vie, je lui rends un hommage, car elle m'a tant appris. Elle a su faire passer les messages de son savoir. J'avais de très bons yeux et les couleurs ne me posaient aucun problème, hélas la DMLA a bouleversé toute ma vie.

Malgré ce handicap, j'arrive à tricoter des pulls et vestes pour mes petits enfants. Pas de points compliqués, mais ce n'est pas mal et pas trop d'erreurs. Revenons à Bellac : le départ de papa pour la guerre, son absence prolongée, les files de réfugiés qui venaient de l'Est de la France et même de la Belgique. Maman qui avait un coeur d'or a accueilli de nombreux réfugiés affamés et épuisés.

Joie à la maison, le retour de papa qui s'est évadé. La peur lorsque les allemands rentrent dans les foyers et perquisitionnent. La destruction d'Oradour sur Glane, j'habitais à 24 km et une de mes petites copines d'école Annie Bois, est morte lors de cette tragédie, elle était allée , avec sa petite soeur passer le dimanche chez sa grand mère qui habitait cette bourgade. Que de cauchemars faits tout au long de ma vie après ces épisodes tragiques,

75 ans ont passé, les chapitres de cette guerre sont gravés à tout jamais. J'ai tellement eu peur de perdre mon papa rentré dans la résistance. Que d'émotions. Dans cette période limousine, il y eut la rencontre fantastique avec mademoiselle Humbert, professeur de musique; elle enseignait le violon et le piano. Elle était aveugle de naissance.

Je rêvais d'apprendre le piano, mais maman n'était pas d'accord, elle ne voulait pas favoriser un enfant. Nous étions trois enfants. J'avais un allié pour moi, mon papa, il insistait et disait que j'en avais vraiment envie, que ce n'était pas un caprice.

Nous n'avions pas de piano, cet instrument était très cher et difficile à trouver, nous étions en 1942, c'était encore la guerre.

Mlle Humbert sut convaincre tout le monde. Ne vous inquiétez pas, si vous n'avez pas de piano, Yvette viendra un quart d'heure tous les jours au lieu d'une heure par semaine; et tout ira bien. En effet, elle avait raison, en plus, le professeur avec moi en permanence, je faisais des progrès hallucinants. J'étais subjuguée par l'adresse, la dextérité de cette professeur, elle avait une manière de reconnaître les billets lorsque je payais ma leçon, elle tricotait et nous reconnaissait à notre voix. Je pense souvent à elle et me fais la morale pour ne pas déprimer, on peut y arriver. Les mains prennent le relais.

Il m'arrive de me tromper et de donner un billet de 50 Euros au lieu d'un billet de 10 Euros, ils sont de la même couleur, mais les commerçants sont honnêtes et me font remarquer mon erreur. Je suis moins habile que mon professeur.

Leçon de piano

Main gauche, main droite sur le piano.
En position, bien placées sur le clavier,
elles s'apprêtaient à jouer la gamme de do,
nécessaire exercice pour s'échauffer.
La droite semblait très appliquée.
La gauche, bien souvent folâtrait, elle avait l'âme
fugueuse et se moquait des impromptus.
Elle voyageait sur la portée à perte de vue.
Voyons, voyons, disait le professeur,
reprenons, insiste-t-il en douceur.
Do, ré, mi, fa, sol, l'élève chantonnait.
Et un, et deux, et trois, le tempo y était,
la valse prenait corps, encore un petit effort.
Nous reprendrons ce passage une fois encore.
Main gauche, main droite, élèves douées,
les voici prêtes pour une fugue en ré.
À moins, qu'elles n'improvisent un adagio
du largo au crescendo.
Elles jouaient enfin à l'unisson.
Silence et écoutons, le fruit de la leçon.

__Berrichonne par vocation__

Je suis venue dans le Berry pour passer les vacances de Pâques. Je m'explique : à la sortie de la résistance, à la fin de la guerre, mon papa est rentré dans l'armée comme employé civil. Comme le travail ne courait pas les rues, il a fait embaucher ma soeur Odette quatre ans plus âgée que moi, comme secrétaire, dactylo, aussi employée civile. Il y avait une caserne à Bellac qui accueillait un régiment.

Mais l'armée, les administrations ont parfois des objectifs qui dépassent notre entendement. Tant et si bien qu'un déplacement a été programmé et tout le monde a été dirigé vers la caserne Chanzy à Le Blanc. dans l'Indre à 60 km de Bellac.

Voilà donc mon papa et ma soeur devenus Blancois, ils me manquaient, ils ne venaient qu'en fin de semaine pour le week-end.

Aussi, pour les vacances scolaires, maman me propose, si tu veux, tu peux aller passer les vacances de Pâques dans le petit studio de ta soeur qui t'hébergera. Studio est un bien grand mot, mais une chambrette, propre, coquette située en plein centre ville au 11 rue des Poitevins. La propriétaire n'acceptait pas que ma soeur fasse sa cuisine. Pas grave, elle allait manger au mess de la caserne où elle retrouvait mon papa. Alors, maman m'offrit le restaurant, papa me trouva un joli petit bistrot «Au Bon Coin» chez madame Léonard, situé sur la grande place du Blanc, Place de la Libération La propriétaire cuisinait très bien et les plats ressemblaient à ceux de maman

J'avais l'impression d'être une vedette pleine de liberté. Tout le jour je me promenais dans la ville et à l'époque, sans DMLA, je pouvais lire le nom des rues et des places, ce que je ne peux plus faire, je me repère aux statues, aux monuments, aux stèles et j'interroge mes amis.

Ainsi j'ai voyagé dans l'histoire avec l'Avenue Gambetta, la rue A. Briand, la rue Faye, Ste Catherine, Bd Clément Laurier, Saint Lazare où siège l'hôpital. J'ai regardé couler la Creuse, rivière qui traverse la ville. J'ai admiré le château Naillac. Je crois que je suis tombée dans la potion magique, envahie par tous les Saints et les saintes qui ont jalonné ce Berry tant aimé.

Il me faut citer, Ste Jeanne de France, fille de Louis XI qui vécut au château de Lignières, tout près du Blanc, Elisabeth Bichier des âges, elle créa la congrégation des filles de la Croix, Notre Dame de Jovard 13 km du Blanc sur la commune de Bélâbre. Il ne faut point oublier Les Bons Saints, Saint Génitour, dont l'église porte le nom et ses frères Tridore, Messire et Précipin, martyrs.

Il y eut des personnages politiques, des littéraires, George Sand. Certains ont séjourné, d'autres n'ont fait que passer, d'autres y ont vécu.

On est happé par la magie qui émane de ce Berry. J'aurais pu raconter la vie de certains de ces personnages, mais je ne voudrais pas lasser les lecteurs.

Le Blanc

*Le Blanc est une petite ville,
propre et nette,
calme et tranquille.
Jolie et même coquette.
Places et jardins fleuris,
pas beaucoup d'habitants,
encore moins d'industries.
Quelques bons artisans,
quelques métiers d'antan.
Vous trouverez tous les commerces,
tous les talents s'y exercent.
Un assez vaste hôpital,
un excellent corps médical.
Géographiquement parlant,
vous êtes tout près des mille étangs,
au cœur de la Brenne
à la frontière de la Touraine.
Que vous soyez artistes ou sportifs,
retraités ou actifs,
vous goûterez en cette cité,
à mille et une activités;
bibliothèque municipale,
musée ornithologique,
cours d'anglais ou de musique,*

initiation à l'art floral,
Les mystères de l'ikebana
vous y seront tous dévoilés.
Vol à voile, parachutisme,
gymnastique et sports équestres,
le tennis et le cyclisme.
Quant au sport pédestre,
c'est un peu le paradis,
depuis le bois de la Botrie,
Les bords de Creuse jusqu'à Avant
à moins d'aller à Bénavent!!!
Ne parlons pas gastronomie :
vous auriez bien trop envie
de découvrir à toutes saisons
les délices de la région.
Bien sûr je plaisantais,
car je serais vraiment ravie,
si Le Blanc vous plaisait.
Ce n'est ni Venise, ni Capri…
Je ne vous ai pas tout raconté,
peut-être même pas la moitié,
je n'ai pas tout dévoilé.
Je vous laisse le plaisir de voir,
de découvrir venez
et vous verrez,
je n'ai pas exagéré.

Les vacances de Pâques terminées, de retour à Bellac, je n'ai pas cessé de casser la tête à maman en lui ventant tous les mérites du Blanc, la beauté du site, la lumière, les couleurs.
Lasse de m'entendre et curieuse de connaitre cette petite ville qui avait pris au piège son mari et ses deux filles, elle pensa que ce serait peut-être intéressant d'aller en villégiature dans ce lieu pour les grandes vacances.

Sitôt dit, sitôt fait, elle demande à papa de nous trouver une maison de vacances meublée pour nous accueillir aux mois de juillet et août, papa n'a pas tardé à nous trouver un petit deux pièces au 1 rue du Docteur Fardeau (ville haute). J'ai joué de toutes mes connaissances pour faire découvrir et aimer Le Blanc. Mission réussie, fin Août, nous sommes restés au Blanc et nouvelle mission se trouver un appartement plus grand et récupérer les meubles restés dans le limousin;

Papa, toujours très débrouillard allait réussir.

Blancoise par vocation

Oui, je suis tombée amoureuse de cette jolie ville dès que j'y ai posé le pied.

Tout pour moi était source d'enchantement. La Creuse, belle rivière traversant la ville, la ville haute avec ses maisons du XV° SIÈCLE, L'EGLISE SAINT ETIENNE, toujours en ville haute et les légendes qui l'accompagnent. L'église St Cyran, désaffectée mais qui accueille à la belle saison des concerts et des expositions artistiques; le très beau château Naillac qui surplombe la ville, qui a abrité l'école des garçons puis est devenu un superbe musée des oiseaux et de l'héritage historique de la ville.

L'ENTREPÔT DE L'AIR 609 a séjourné un certain temps au Blanc. J'y ai travaillé comme standardiste. Puis c'est le C.A.G.N qui s'est établi dans les locaux de la caserne et de tous les bâtiments.

La ville est classée jolie ville fleurie. Les maisons y sont blanches comme en Touraine, avec des volets très colorés.

Je l'ai dit, j'ai aimé cette cité, c'est un véritable message d'amour, mais cette DMLA est venue troubler cette entente parfaite et les problèmes surgissants, il m'a fallu quitter mon lieu de prédilection pour me rapprocher de mes enfants habitant la Dordogne.

Me voici arrivée à Sarlat la Canéda. Le Blanc reste au plus profond de mon coeur, mais mes enfants sont à 35km et je les vois une à deux fois par semaine, ce qui est malgré tout une cerise sur le gâteau.

Elle aime tout de la vie.

C'est vrai que j'aime tout de la vie, n'importe quel travail me fascine. J'aime tout ce que je fais, j'aime le contact avec les personnes aussi à la suite du décès de mon mari on m'a proposé de devenir correspondante de presse pour LE COURRIER FRANÇAIS. J'ai adoré cette activité, soit, un peu débordante mais tellement enrichissante par la diversité des reportages qui pouvaient aller d'un match de foot, à une conférence médicale ou à un reportage religieux. J'ai passé 15 ans dans cet univers et encore une fois, si la DMLA ne m'avait pas agressée, je crois que malgré mon grand âge je serais toujours dans cet environnement de presse. Je ne me laisse pas déprimer, j'ai acheté un ordinateur super grand écran, je peux zoomer et ainsi écrire. La lecture d'un livre est un peu plus difficile, l'ophtalmologiste m'avait dit la lecture ne reviendra pas. Alors, il y a les livres audio, ce n'est pas le même plaisir, mais c'est déjà pas mal.. Ce n'est pas facile d'écrire, corriger une faute de frappe devient mission impossible, mais avec obstination et beaucoup de patience on y arrive. Le goût de l'écriture et celui de la lecture m'a poussé à essayer. Ce n'est pas génial, c'est long, mais la mission est accomplie. En ce qui concerne les travaux ménagers, la cuisine, les doigts ont pris la relève des yeux et j'arrive à trier des fraises, éplucher de l'ail ou de l'oignon, ce n'est pas aisé, mais c'est possible.

A la période où l'on m'a pressentie pour être correspondante de presse, Alain, le diacre de l'église St Génitour me dit :

- Yvette nous avons besoin de toi, Géraldine, la jeune fille qui joue de l'orgue part à Poitiers pour ses études et nous n'avons plus personne pour animer les messes.

Je lui réponds :

- C'est impossible, je n'ai pas joué de piano depuis onze ans et je n'ai jamais joué d'orgue.

Il me répond,

- Ce sera pour jouer sur un orgue électronique.

Me voici déstabilisée.

Au décès de mon mari, j'avais écrit deux poèmes «Seigneur» et «Prière à l'Esprit Saint» pour remercier, car Georges était parti dans de bonnes conditions et apaisé.

Seigneur

Tu as tracé mon chemin,
Veux-tu me tendre la main?
Peux-tu diriger mes pas
Pour mon séjour ici-bas?
Je te réclame toujours.
Que te donner en échange?
Te chanter les louanges
Avec coeur, avec amour!
Tous ces mots que je reçois,
Je les écris, c'est pour toi
Pour pouvoir te remercier
Pour tout ce que tu m'as donné.
Veux-tu m'ouvrir la route,
Que je puisse sans nul doute
Apporter à mon tour
Le bonheur et l'amour
A ceux qu'il te plaira?

Que ta volonté guide mes pas
Je ne suis que ton enfant
En ton coeur toujours présent.
Ton souffle de la nuit
Vient nourrir mon esprit,
Tu illumines ma vie
De rêves et de poésies.
Je reste ton enfant,
Toujours confiant,
Toujours aimant.

J'irai sur ton chemin
Et te prendrai la main
Et je donnerai la main
Et sûr sera le chemin.

Prière à l'esprit Saint

*Lorsque j'étais enfant
Et grâce à mes parents
J'ai appris à être heureuse
Et ne point être capricieuse.*

*Tu m'as accordé mille dons
Et n'ai pas su te remercier,
Je te demande humblement pardon
De n'avoir pas su te prier.*

*J'avoue n'y avoir pas pensé
Car c'est vers Christ
Que toujours je me tourne,
Et me voici très triste
De t'avoir quelque peu délaissé.*

*Que puis-je te demander?
Tu m'as déjà tant donné.
Il me serait très doux
De savoir mieux aimer,
Il me serait très doux
De savoir mieux prier.*

*D'être cet ouvrier de l'Evangile
Ce bâtisseur de notre Eglise.
Pardonne-moi d'être quelque peu malhabile,
Mais j'ai le coeur qui se brise
De vouloir trop aimer.*

*Que ta volonté soit faite
Et si je peux encore écrire
Et être certains jours poète
Merci, car c'est toi qui m'inspire.
Tu sais combien profond est mon amour
Il m'est très difficile de dévoiler
Ce soir, sans honte et sans détour
Ce dont mon coeur a du mal à crier.
Prends pitié de moi,
Garde moi la foi,
Et dans la joie
Emporte-moi.*

Rentrée à la maison, je me dispute, je me fais la morale et pense que j'ai demandé à remercier et que je n'ai pas le droit de refuser.

Je téléphone au Père LEBRUN, curé de la paroisse et lui demande s'il a le programme de la messe où je devais jouer. Il me dit de passer au presbytère, qu'il me donnera tout cela.

Le lendemain, le père curé me remet un kilomètre de partitions. Je repars, prête à me mettre à l'ouvrage. Déception, lorsque j'ai voulu lire les oeuvres données, je remarque que ce sont les parties «chant» et que je n'ai pas les accords pour ma main gauche. Que faire? Je ne peux pas abandonner. Je recherche mes livres de solfège et j'apprends au fil des heures et des jours, ce que je dois faire. Je commençais à être opérationnelle et je demande, à mon curé, qu'il serait peut-être bien que je fasse un essai sur l'orgue électronique dont m'avait parlé le diacre. Le curé me dit, mais enfin, madame Ostermann, pourquoi voulez-vous jouer sur un orgue électronique, nous avons un orgue superbe à l'église. Je lui dis que c'est Alain qui m'en avait parlé.

Venez avec moi, je vais vous montrer.
Nous voici partis vers l'instrument.
Je suis abasourdie, je vois, ces claviers, ces tirettes. Le père appuie sur un bouton, on entend la soufflerie et il me dit on l'allume là.
- Et qu'est-ce que je fais, lui dis-je?
- Vous voyez et il me donne la grosse clef qui ouvrait la porte et me déclare que je peux venir quand je veux.

Quel travail, quel stress, heureusement nous étions au mois d'Août je pouvais aller tous les jours, depuis le matin pour étudier et trouver les bonnes manettes à utiliser. J'ai réussi, la messe a été animée; j'avais fait suivre une boîte de talc pour mes mains, car j'avais la peur au ventre. Les fidèles m'ont félicité à la sortie de la messe et m'ont tous dit, surtout ne nous abandonnez pas. J'ai tenu mon rôle pendant quinze ans, avec joie et bonheur. j'ai accompagné les messes, les funérailles, les mariages et autres cérémonies, comme la SAINTE Geneviève pour les gendarmes. Magnifique période pleine de satisfactions.

Il faut bien le dire, la DMLA a joué la perturbation, j'ai commencé à avoir quelques difficultés à lire mes partitions, à voir mon clavier et le curé, là-bas au coeur de l'église. Un petit jeune homme qui était amoureux de cet instrument a pris la relève. Je lui ai cédé ma place.

J'avais pensé que j'arriverais peut-être à étudier quelques morceaux dans le calme. C'était sans compter sur la DMLA, impossible. Marie Christine mon orthoptiste me conseille de faire agrandir mes partitions, je vais dans un magasin spécialisé, je fais faire l'agrandissement et toute chargée d'espoir, confiante je m'installe à mon piano. Impossible, je mélange les lignes de la portée, je confonds les notes. Il faut bien se résoudre à faire son deuil de cette activité. comme je n'ai pas appris à jouer par coeur, je n'ai que quelques petits morceaux dans ma tête. Il me reste juste tous ces beaux souvenirs. Je jouais le samedi soir, le dimanche matin, je faisais souvent deux messes, une à 9h à l'église Saint Etienne celle de 11 heures à Saint Génitour, et parfois j'allais jusqu'à Bélâbre (13km). J'aimais bien jouer sur cet orgue, très particulier. J'aimais tellement accompagner ces offices religieux, que j'avais acheté un petit orgue électronique pour accompagner mon curé lors de cérémonies dans les petites églises, tout autour du Blanc, Ruffe, St-Aigny, Sauzelles etc.

J'avais des projets, je croyais jouer des pièces musicales à la retraite, nenni, j'avais acheté trois tomes des sonates de Beethoven et trois tomes des sonates de Mozart. J'ai donné ces recueils à Elina mon arrière petite fille qui joue du piano et semble très douée, elle sera mon successeur.

J'avais dit que j'étais tombée amoureuse de cette ville, mais pas seulement, j'y ai trouvé l'homme de ma vie; le père des mes deux fils chéris. Il faut le crier sur les toits : 46 ans de bonheur. Juste quelques mots pour souligner que c'était l'homme le plus beau; le plus intelligent de la terre (pour moi). Nous nous sommes mariés un 29 septembre à la Saint Michel. Je remercie l'Archange St Michel tous les jours de ma vie, car grâce à lui et peut-être à beaucoup de facteurs divers et variés que nous avons été heureux.

A l'époque j'avais une vision exceptionnelle, je pouvais tirer des fils pour faire les fameux jours d'Angles, petite ville à 30km. Je montais des hameçons, numéro 24 sur un fil plus fin que des cheveux nous étions pêcheurs, immense plaisir et détente pour mon mari. Lorsque les poissons boudaient, je prenais beaucoup de plaisir à broder ou encore à peindre les paysages qui s'offraient devant moi. Mon mari était jaloux de ma vision, il me disait : «je ne sais pas comment tu fais». La DMLA m'a contrainte à abandonner cette activité : la pêche à la ligne. Il est impossible de voir les bouchons au fil de l'eau. J'ai fait cadeau de tout notre matériel à mon petit neveu, Jérôme. Un deuil de plus, il faut dire adieu à ces plaisirs de bords de rivière, mais, je dis merci d'avoir connu ces joies et ce bonheur partagé.

Bords de Creuse

Le soleil n'est pas encore levé,
La brume étend son écharpe de vapeur.
Le pêcheur arrive : il est pressé.
L'attirail a été vérifié, révisé pour l'heure.
Tout est prêt pour cet immense bonheur,
D'une journée de pêche à la ligne,
Et de surcroit aux bords de la Creuse.
La campagne est silencieuse.
Les libellules font leurs danses
Et jouent le bal des débutantes.
Une famille canard, barbotte, inquiète
Mais reste malgré tout insouciante.
Le pêcheur scrute son bouchon.
Va-t-il avoir un gardon?
Une brème ou une ablette?
Il relance une boulette.
Une poule d'eau sur l'autre rive
Picore et trouve son festin.
Canoës, ou périssoires, glissent dès le matin.
Un sillage trace le chemin.
La rivière est si belle, si tentante.
Nous avons apprécié cette belle journée,
Ce moment de détente.
Nous avons respiré un bol d'oxygène
Nous en avons bien profité.
Avec joie et sans aucune gêne.

J'aime les gens et les bêtes

En effet, les bêtes ont aussi joué un rôle d'épanouissement dans ma vie. J'ai possédé un petit chien, un Loulou de Poméranie. C'était au mois de décembre, comme je faisais mes courses, une commerçante dont le magasin était situé rue Saint Lazare, m'appelle et me dit : «Madame Ostermann, voudriez-vous un bébé chien?», je rentre dans son magasin et je découvre cette petite boule blanche, les yeux maquillés de noir et cette petite truffe, elle aussi d'un noir éclatant, je n'en demande pas plus, j'accepte et je repars avec ce trésor dans mes bras. Bien entendu, Georges mon mari était aussi ravi que moi. Elle s'appelait WISKA. Elle est arrivée à la maison trois mois avant la naissance de notre premier fils, MARC. Ce fut notre premier enfant.

J'avais toujours désiré un petit Loulou de Poméranie, suite à mon premier livre de lecture « René et Maria » dont au centre trônait une belle image montrant une gare, une très élégante dame portant un très beau chapeau et qui tenait dans ses bras un superbe Loulou. J'étais émerveillée par cette image et je rêvais de posséder un chien pareil. Le rêve devint réalité. Il ne faut surtout pas oublier de dire « merci ».

Notre petite Wiska était d'une intelligence peu commune, elle comprenait tout, était obéissante et très belle. Elle nous a donné beaucoup de joie et de bonheur. Malheureusement, elle s'est faite écraser et j'ai eu tellement de chagrin que je suis restée quatorze ans sans vouloir de chien, malgré les demandes de mes fils et de mon mari. Ce dernier, astucieux, me disait : «tu sais, ce matin, j'ai vu un petit chiot adorable.» Je restais de marbre, trop de peine.

Et puis, un jour, une petite malinoise a su rompre cette chaîne; a su me faire comprendre que nous étions faits pour vivre ensemble, comme mes deux fils étaient heureux lorsque j'ai dit: «On l'adopte » elle s'appelait Kaisy, ce fut une chienne merveilleuse, douce, pleine d'amour, sachant jouer avec les enfants, obéissante, bref, adorable. Le sort s'acharne, elle n'a vécu que quatre ans. Une sorte de leucémie l'a emportée. De nouveau le chagrin nous envahit vraiment. Nos compagnons à quatre pattes ont une vie trop courte, c'est un si cruel déchirement lorsqu'ils partent.

Il y eut d'autres toutous, un berger allemand Guina, que nous avions acheté en Allemagne, elle aussi a été une joie, un bonheur, puis le petit cocker, Dickou. Au départ de ce dernier, je n'avais jamais vu mon mari pleurer, mais là, il pleura toutes les larmes de son corps.

Au revoir petit Dickou

Tes jolis yeux de velours
Sont fermés pour toujours;
Tu es monté dans les nuages
Toi, désormais si sage.
Tu nous a donné tant de bonheur,
Tant de joie, tant de chaleur,
Que nous avons le coeur brisé
De nous savoir séparés.
T'avons-nous assez aimé?
Tu savais si bien quémander
Promenades, sucreries et câlins!
Tu t'éveillais tous les matins,
Heureux de pouvoir nous aimer.
On aurait voulu te garder,
Et ne jamais se quitter,
Pourtant, tu es parti
Notre beau chien noir
Mon «papillon» chéri.
Gentil « petit Dickou »
Avec un dernier gros bisou
Je te dis «Au revoir»

Alors, que faire ? plus de chien ou bien faire un nouvel achat. Nous avons beaucoup réfléchi, il nous fallait un compagnon, mais pas un trop gros chien, je n'étais plus capable de tenir en laisse un mastodonte, mais pas un toutou de salon. Nous avons étudié les dictionnaires de chiens et avons trouvé la perle rare, le petit chien au caractère de gros chien: Le Bichon Frisé.

Les descriptions étaient vraies. Nous n'avons pas été déçus, c'était la petite septième merveille du monde, ce fut EIKINOU. Lorsque EIKINOU est arrivé, je me suis amusée à écrire son journal et de fil en aiguille le journal est passé dans le bulletin trimestriel des Bichons et petits chiens lions. Douze ans qu'Eikinou a donné ses états d'âme, sa joie, ses inquiétudes, sa déprime à la mort de son papa. Je crois que grâce à ce journal j'ai pu exercer ma thérapie lors du départ de mon mari.

Je n'ai plus d'animaux, la DMLA oblige, je crains de tomber, difficile d'aller promener le compagnon, je n'y vois pas assez, le soleil m'éblouit. Je ne conduis plus, donc difficile d'aller chez le vétérinaire ou bien d'aller chercher les croquettes, mais je me console en apprenant par coeur les poésies écrites pour mes petits compagnons qui sont tellement présents dans mon coeur.

Eikinou déprime

Lola et Gribouille m'écrivent.
Ils essaient de remonter mon moral.
Mais, comme je pars vers l'autre rive,
Je ne me sens pas la forme optimale.
Je suis triste pour « Zizou »
L'enfant terrible
N'a pas été prudent
Il a joué le « casse cou »
Et fut une triste cible.
Gribouille a retrouvé sa maman.
Il tricote, il est heureux.
Il flâne et chasse à tous moments.
Il est revenu tout joyeux.
Beaucoup de mouvements
Dans notre maison.
Ce ne sont plus des estivants.
L'automne est la nouvelle saison
Aux parfums de mousse et de champignons.
Les feuilles mortes, jonchent les allées.

Maman ratisse, les amasse,
Rude est la tâche.
Aussi, elle se fâche ,
Elle rêve d'un jardin
Qui n'aurait point d'entretien.

Lorsque je l'aidais
C'était moins fatiguant
Griffes, râteaux, balais
N'avaient nuls secrets pour moi.
Le travail s'effectuait en s'amusant.
Bientôt sera la fin de l'année,
Noël, Nouvel An et les festivités.
Que ferons-nous pour célébrer cela?
Je mettrai mon joli soulier
Devant la cheminée.
Papa Noël ne m'a jamais oublié,
J'aurai donc un beau joujou
Un chocolat, un bonbon doux.
Un gros bisou
Sur le bout de mon nez.
Bon Noël, Bonne Année.

(Lola, gribouille, Zizou etc… sont les petits chats amis d'Eikinou)

Parmi les animaux qui nous ont accompagnés, il y eu plusieurs chats, tous des chats trouvés, abandonnés, blessés. Tous ont été source de bonheur, d'équilibre pour les enfants et de véritables amis pour les chiens de la maison. Il y eut Chaton, Pupuce, Ficelle et le petit dernier Moustique. La disparition des chats est peut-être moins douloureuse, car ces petits êtres sont parfois absents plusieurs jours, on s'inquiète et ils réapparaissent et un beau jour ils ont disparu pour de bon.
Le petit dernier, Moustique, a été lui aussi un chat abandonné ou bien un chat perdu. J'ai eu l'impression que les propriétaires de ce chat avaient dû déménager, et ces petits animaux n'aiment pas tous ces chamboulements. Il a du partir dans la nature attendant que les choses se calment, mais les maîtres sont partis et lui est resté désemparé. Je l'ai trouvé lors d'une marche que toute une équipe faisait pour aider les personnes atteintes de la sclérose en plaque.

J'y participais en tant que correspondante de presse et par amitié pour les organisateurs. Lors de cette marche, j'ai eu la surprise d'avoir à mes côtés, un petit chaton noir qui emboitait mes pas. Les kilomètres défilaient et le petit commençait à donner des signes de fatigue. J'ai ouvert mon sac et lui ai donné une sorte d'hospitalité. Il a apprécié et s'est endormi. A la fin de la matinée, j'ai interrogé les habitants pour savoir à qui était ce petit animal. Personne ne le connaissait. Alors, je suis rentrée à la maison avec un nouvel ami. Je lui ai mis un plateau avec de la cendre pour ses pipis éventuels, je lui ai donné à manger et je lui ai dit: «sois sage, je reviens tout de suite», j'avais en effet la charge de mon article sur la fin de cette marche. Revenue à la maison, mon petit phénomène avait utilisé le plateau, avait mangé et bu et est venu vers moi en ronronnant. Ce fut le début d'une nouvelle aventure pour lui et pour moi.

Cette DMLA, ayant perturbé mon quotidien, je pris la décision de déménager et d'aller en Dordogne, près de mes enfants. Il me fallut vendre la maison du Blanc. Un couple ayant un petit garçon d'une dizaine d'années est venu visiter, le jeune garçon a adoré la maison et adoré aussi Moustique. L'affaire a été conclue et lorsque je suis partie, j'ai laissé en cadeau au petit bonhomme mon Moustique. Je sais que les chats n'aiment pas être déplacés. Tout le monde y a trouvé son compte. Je sais par personne interposée que Moustique vaque à ses occupations de chasseur professionnel.

Moustique le chat

Le chat était abandonné,
Il était épuisé et las.
Je l'ai recueilli dans mes bras
Lui ai parlé, l'ai caressé.

Confiant, il s'est pelotonné
Pour lui, plus d'ennui, de tracas.
Le chat était abandonné
Il était épuisé et las.

Sécurisé, a ronronné.
Je l'ai posé dans mon cabas
Et sommes partis, sans embarras.
MOUSTIQUE, ce nom je t'ai donné.
Le chat était abandonné

Le tricot et la broderie

Des activités que je pratique depuis l'âge de huit ans. J'avais tricoté la première brassière, de mon petit frère de huit ans plus jeune que moi. Je n'étais pas peu fière de mon exploit. Bien entendu maman m'a beaucoup aidée pour les diminutions et les augmentations. Depuis ce premier ouvrage, je crois pouvoir dire que j'ai fait des milliers de km de tricot, j'ai fait plusieurs fois le tour du monde, en laine, en coton, en fil. Tout a été employé. des points divers ont été expérimentés. Une détente pour moi. J'ai fait des pulls, des vestes, des jupes, des robes et même des cravates. Mais, un jour, la DMLA, toujours elle, est venue me perturber. Je ne me suis pas laissée faire. J'ai repris mes aiguilles et les laines et les cotons et je tricote. Bien sûr pas des points compliqués, mais jersey, point envers, et point mousse me permettent de faire certains ouvrages pour mes petits enfants. J'ai trouvé des astuces pour compter les rangs, pour mesurer, pour coudre l'ouvrage terminé. Mes petits sont contents et moi, je ne déprime pas, puisque je suis occupée.

Je pratiquais le canevas, j'ai fait trois superbes fauteuils Louis XIII en tapisserie il m'avait fallu 785 heures de travail pour faire une paire. Là, la DMLA m'a coupé la route. Impossible de m'y retrouver, je ne peux pas voir les lignes de trame. J'ai abdiqué, avec la satisfaction d'avoir fait en son temps du beau travail. Je pourrai montrer à ceux qui le voudront mes astuces qui me permettent de m'exprimer avec mes doigts.
La broderie?

C'est un échec. Impossible d'enfiler une aiguille, impossible de reconnaître les couleurs, impossible de piquer dans l'étoffe avec précision. Il me faut faire le deuil de ces travaux dits « d'aiguille ». J'ai pourtant tellement aimé, j'ai fait des travaux gigantesques de nappes, napperons etc... Il me reste le plaisir de sortir mes belles nappes brodées lorsque j'ai des invités et d'avoir l'orgueil de recevoir les compliments. lorsque je dis: je l'avais fait lorsque j'y voyais bien. Mes armoires sont remplies de tous ces ouvrages. Combien de jeunes filles, de jeunes femmes n'ont jamais appris! Quel dommage... Je pense à dire merci à maman qui m'a toujours voulue occupée.

Le Tricot

Une maille endroit,
Une maille envers,
Un rang endroit,
Un rang envers.

Un point jersey,
Un point ajouré,
Point après point,
Rang après rang,
Lentement, mais sûrement,
Voici enfin l'emmanchure,
Et puis arrivée l'encolure.

Combien de points a-t-il fallu,
Comme cela à première vue
Pour composer ce bel ouvrage?
Je n'ai jamais compté,
Cela parait plus sage.

De toutes les façons,
On ne compte pas l'amour,
Il n'y a pas de cote en bourse,
Personne ne peut dicter le cours,
Personne ne peut tarir la source.

Aussi, lorsque vous porterez
Le pull ou le cardigan
L'écharpe ou la paire de gants,
Vous serez belles ou beaux,
Vous serez bien au chaud.

J'espère ainsi vous protéger,
Non seulement des intempéries,
Mais de tous les maléfices,
Grâce à l'amour que j'y ai mis,
En torsade de malice,
En jacquard de tendresse,
En filigrane et en tresse,
J'ai tissé ces pétales d'amour.

Le dessin, la tapisserie

La tapisserie, j'en ai parlé dans le chapitre plus haut. Le dessin, fut aussi une de mes grandes passions, l'aquarelle, la peinture à l'huile, l'encre de chine, mais en dernier lieu, je suis restée avec mes crayons de couleur aquarellables qui me permettaient d'illustrer mes poésies.

J'ai toujours dessiné, toute petite, je me souviens de ma première fleur, une capucine, je devais avoir 5 ans, je n'allais pas encore à l'école. Mes parents m'ont fait des compliments, mon expérience m'a poussée à exprimer le tout petit talent : dessiner toujours et en tous lieux, dessiner des modèles pour les broder ensuite. J'ai aimé la peinture à l'huile, mais mon époux était allergique aux vapeurs d'essence alors j'ai changé mon fusil d'épaule.

Je suis arrivée aux crayons de couleur aquarellables, grâce à une boîte découverte dans le grenier, elle avait appartenu à un de mes fils.

J'ai fait des essais et j'ai trouvé que c'était la meilleure solution pour moi.

La DMLA est passée par là. J'arrive à dessiner quelques fleurs, mais ce n'est pas génial, les traits ne sont pas aussi fins, aussi délicats. Il me reste donc le plaisir de regarder mes illustrations lorsque j'apprends mes poésies par coeur oui, mais, malgré la DMLA, le crayon me taquine et, sollicitée , le trait apparaît guidé par la dextérité restante du geste. Encouragée je n'hésite pas à illustrer mes poésies que j'offre à ma famille, amis, ou invités.

Atelier

*Atelier de «peinture»
Peut-être un bien grand mot!
Quelqu'en soit l'aventure,
Tout nous paraît très beau.
Cartons à dessin,
Eventail de crayons,
Gommes et canifs,
Chargés vous arrivez.
Tous, très attentifs,
Prêts pour l'exécution
De la reproduction
Des ombres et des lumières.
Mines de plomb,
Coup de poignet,
Ombres portées,
Surfaces brillantes
Ou transparentes,
Pendant deux heures,
Nous oublions:
D'où nous venons*

Et qui nous sommes.

*Un seul objectif :
Reproduire le motif.
Avec bonne humeur,
Beaucoup d'obstination,
Et quelques maladresses,
La nature dite « morte »
Prend forme et vit en somme.
Grâce à la gentillesse,
À l'art et au talent
Du maître qui nous guide,
Nos lignes trop rigides
Retrouvent en un instant
Les formes arrondies.
Avec légèreté
Et beaucoup de doigté,
Les lumières estompées.
Le temps s'est écoulé,
Le cours est terminé.
Il nous faut se quitter,
Des projets plein la tête
Et notre coeur en fête.*

Ma passion de la tapisserie remonte à mon mariage, le 29 septembre 1947. Mon mari habitait dans une très belle maison bourgeoise au 20 rue Ste Catherine, le propriétaire était le marquis d'Abbadie. Il avait loué cette maison meublée, et comble de bonheur tout en Louis XIII. J'ai immédiatement aimé ce style de mobilier pour sa solidité, sa sobriété et son confort, les fauteuils très carrés, droits, puissants et recouverts de tapisserie. Je suis restée fidèle à ce style et lorsque nous avons acheté une maison, de nombreuses années plus tard, nous l'avons meublée dans ce style . Nous avions trouvé chez un antiquaire des fauteuils, mais la garniture était usagée, aussi je me suis armée de courage et de patience et j'ai refait la tapisserie au point spécial tapisserie, pour être plus clair c'est le petit point mais fait en biais pour rendre la trame plus solide. Je l'ai dit : beaucoup d'heures pour exécuter mes deux sièges. Le résultat est magnifique Point après point l'ouvrage avance et un jour ma petite arrière petite fille Chloé me dit, «Mamyvette», je voudrais que tu m'apprennes à faire du canevas ».

Je lui réponds, pas de problèmes, nous allons aller en ville acheter le nécessaire. C'était sans compter sur la DMLA, impossible de voir les lignes de la toile, impossible de voir les trous, bref, impossible de lui montrer. Elle est repartie avec son petit canevas, son aiguille et les laines et je l'ai réconfortée, en lui assurant que sa maman lui apprendrait.

Il m'a fallu encore faire le deuil de ce passe temps que j'adorais. Je n'ai malheureusement pas trouvé de solutions. C'est impossible. Il ne me reste que le plaisir de regarder, d'admirer, mes fauteuils si bien exécutés avec mes yeux d'avant.

La peinture, la poésie

La peinture, j'en ai déjà parlé, ce fut une belle expérience, les murs de ma maison sont remplis de tous les tableaux que j'ai peints, tout au long de mes promenades ou partie de pêche. En ce temps là, la vue était excellente. Georges avait un oeil critique et me disait quelque fois, «ta perspective n'est pas bonne.» Je boudais un peu et le lendemain j'admettais qu'il avait raison. Il a été un critique très bénéfique. La DMLA, toujours elle, ne m'accorde aucun répit, les carrés d'aquarelle, les tubes de peinture, sont partis chez Elina, une autre arrière petite fille, qui aime le dessin et semble douée pour cet art. Un deuil de plus, mais malgré mon grand âge, la santé est bonne, alors merci pour toutes les joies passées et qui sait, peut-être celles à venir. Je reste autonome.

La poésie

Il faut revenir à ma première année d'école, où Mme Vigier, l'institutrice nous avait lu un poème et nous avait exhortés à essayer d'écrire quelques lignes de poésie. J'avais réussi, j'avais écrit quelques vers sur la rivière La Gartempe et les reflets d'argent etc.. Bref, le lendemain, j'ai lu mes quelques vers, j'ai été complimentée et il n'en fallu pas plus pour me donner le goût et l'envie d'écrire. Je crois en avoir écrit plus de quatre cents. Tout est prétexte, le soleil, les saisons, les fêtes, un gâteau, une visite et j'écris et j'illustre..

Les mots viennent souvent la nuit et au temps où la vue était bonne, je me levais pour les mettre en écrit. C'est fini, la DMLA est passée par là. J'écris encore de temps en temps, mais c'est tellement difficile de corriger les erreurs que je peux faire avec l'ordinateur que le courage me manque quelques fois. J'ai fait plusieurs recueils, certains ont été édités, il ne me reste donc que ce plaisir de les compulser. Je faisais partie de nombreuses associations poétiques dans mon

Berry et nous faisions beaucoup d'animations, dans les châteaux, les fêtes rurales, les écoles, les bibliothèques. Quel plaisir de déclamer ses propres oeuvres, d'être applaudi. Je ne peux plus lire, même si les mots sont grossis, je n'arrive pas à lire assez vite. Ce n'est pas assez « fluently » comme disent les anglais, alors, j'ai trouvé un autre moyen, j'apprends par coeur, et ainsi je peux déclamer. Je dois avouer que la mémoire n'est plus ce qu'elle était et que je suis obligée de réviser très souvent, mais c'est bon pour la mémoire. Je la fait travailler.

Conduite automobile

Je n'avais pas noté dans ma présentation le sujet automobile. Pourtant, bien que je ne sois pas une mordue de la conduite, j'ai malgré tout passé mon permis de conduire en 1949, j'avais 19 ans. C'est grâce à mon mari qui m'a dit un jour, il faut que tu passes ton permis de conduire, j'avoue que je n'y avais pas pensé du tout. J'ai trouvé l'idée excellente et j'ai adhéré au projet. A cette époque, il n'y avait pas d'auto école, on apprenait avec son mari ou avec son papa. C'est donc avec mon mari et avec mon papa que j'ai fait mes débuts de pilote. Au début, j'ai un peu paniqué, car j'ai appris sur un camion Renault de trois tonnes, j'avais les jambes presque trop courtes pour atteindre les pédales et j'étais assise sur l'extrême pointe des fesses. Ce véhicule avait en plus un capot (long comme un jour sans pain), la conduite n'était pas simple, il fallait savoir jouer avec le starter, l'avance et accélérer juste comme il fallait sinon on calait, j'ai un peu paniqué, mais comme j'étais obéissante, j'écoutais avec attention les ordres du papa. J'ai réussi et suis donc une très

vieille conductrice. Je conduisais avec plaisir sans être une inconditionnelle du volant. Je trouvais que c'était une forme de liberté dans la vie de tous les jours, une rapidité pour faire les courses, peu d'efforts pour porter les achats. On ne pense pas assez au bénéfice du coffre d'une voiture…
Il a fallu la DMLA pour que je comprenne qu'une voiture peut représenter une compagne tout au long des journées.
J'avais une WW Golf à essence, au Blanc, je n'avais pas de soucis, j'avais une station service qui me servait, faisait le plein et remplissait mon chèque. Arrivée à Sarlat, les distributeurs sont automatiques, je ne peux pas me servir, je ne vois pas le compteur. Je ne peux pas payer par carte bleue, je ne peux pas faire le code. Comment je vais faire? Mon fils me dit, tu n'as qu'a acheter une voiture électrique. Sitôt dit, sitôt fait, je vends la Golf et j'achète la petite voiture électrique de chez Renault, la twitzi. Gentille petite voiture qui se conduisait parfaitement, un petit problème, elle n'avait pas de pare soleil et impossible d'en mettre. Il me fallait choisir un temps couvert pour sortir. Bref, j'ai compris que je n'avais plus l'âge de

conduire, que je risquais de provoquer un accident et de plus à SARLAT, je ne connaissais pas la région, les directions, une déviation et j'étais perdue. Ne pouvant pas lire les panneaux c'est le coeur serré que j'ai décidé de vendre ma petite voiture électrique et automatique. Je l'ai vue partir, le coeur brisé. Cela fait trois ans qu'elle est partie mais je rêve toutes les nuits que je suis au volant. C'est la faute de la DMLA, regardons les côtés positifs, je fais des économies, plus d'assurance, plus de contrôle technique, il me faut avoir recours au taxi ou aux âmes charitables qui veulent bien me véhiculer.

A Sarlat, pour faire la moindre course dans un super marché, il me faut faire 25 à 30 minutes de marche embarrassée d'un caddie. J'ai trouvé une solution, je passe commande et les commerçants sont super gentils, ils viennent me livrer. Je suis favorisée, j'ai une amie, Josye, qui est comme ma fille et qui me fait les courses et les démarches qui me posent problèmes.

Périgourdine

La DMLA ayant perturbé ma vue, j'ai quitté à contre coeur Le Blanc ma ville préférée, mon Berry, ma Brenne et suis arrivée dans le Périgord, à Sarlat la Canéda. La décision s'est prise lors d'une visite de mon fils GÉRARD et de son épouse MICHELLE. Alors que j'exposais mes soucis de DMLA, GÉRARD lance : « Je te verrais bien à Sarlat. » Moi aussi ai-je répondu. Sarlat a une conotation de ville artistique ce qui avait fait un « tilt » dans mon esprit.

Dès le lendemain Gérard s'est mis en quête d'une maison. Une trouvaille, un achat, des travaux conséquents, la vente de ma résidence. Tout a marché à grande allure et me voici Sarladaise.

Bien des travaux ne peuvent plus être exécutés par mes soins, je suis trop essoufflée. Le jardin, qui était une distraction ne m'attire plus, je ne peux plus distinguer les bonnes et les mauvaises herbes, le terrain est très pentu et je ne peux plus tondre la pelouse. Il me faut prendre un jardinier. Je suis entourée de nombreux cyprès, ifs, sapins. Les oiseaux nichent et chantent, et les écureuils me volent les noisettes. Je suis très bien logée, les enfants viennent une à deux fois par semaine, il me faut donc remercier la DMLA qui a bouleversé mon quotidien.

Jardin de mémoire

Dans quel sol avons-nous enraciné
Notre vie, notre couple, notre bonheur?
Nous avons essayé l'échange et le dialogue,
Nous y avons planté la tendresse partagée.
Les recherches, les discussions furent notre drogue.
Nous avons apprécié les différentes opinions.
Nous avons fait mille retournements intérieurs.

Nous avons labouré notre corps, notre coeur.
Au fil des aléas, des écueils, du bonheur.
Nous avons semé la graine sélectionnée.
Nous y avons bouturé la rose parfumée.
Nous avons arrosé d'amour ces jeunes plants;
L'attention, la prévention furent le fertilisant
Pour la croissance et le développement.
Nous les avons lâchés, non sans quelques regrets.
L'arboriculteur n'a-t-il jamais versé
Des larmes lorsqu'il fallu couper
La branche portant les fruits?
Le jardinier n'a-t-il pas hésité
A couper le coeur de sa belle de mai?
A arracher le trop plein de belles de nuit?

Mais quel bonheur, quel émoi
De voir grandir, de voir pousser
Ce qui fut semé avec autant de joie
Pour composer l'espoir en un joli bouquet;

Le soleil du printemps
A réchauffé la terre.
Le vert, la vie sont sortis de la serre.
Qu'avons-nous donc planté
Dans ce jardin d'amour?
La graine qui donnera la fleur.
Et nous avons guetté
Ce bourgeon s'éclater
Pour donner à nos jours
Cet insolent bonheur
Aussi bien comploté.
L'oiseau a fait son nid:
Sont nés tous les petits.
L'hirondelle est enfin arrivée,
Le merle chante et protège sa nichée.
Les tulipes se nimbent de myosotis
Et inondent de leurs coloris
Les magnifiques parterres savamment dessinés

Quel est l'enfant qui n'a pas cueilli
En ses fragiles menottes, les premières violettes,
Celui qui n'a pas ressenti
Cet immense bonheur lors de la cueillette
Des muscaris, primevères, coucous
Rapportant en brassées cette divine offrande
A maman attentive.
Elle suspend à son cou
Ce collier en guirlande,
Preuve de reconnaissance.

Bientôt sera l'été,
Saison de toutes, recherchée.
La capucine et l'amarante
La bignone et le volubilis
Ainsi que leurs voisines grimpantes
Sous la protection d'Adonis
Tendent vers le ciel d'azur
Leurs cimes assoiffées d'air pur.

De maternelle en secondaire
L'enfant lui aussi a grandi.
Il va changer d'itinéraire,

Il comptera fleurette
A la belle de son coeur,
Deviendra l'émule de (Ronsard)
Dédiant ses poésies
A Cassandre Salviati
Et grâce à ce grand art
Fera son ultime conquête.
Il cherchera à plaire,
De parfum s'inondera,
Et liberté s'octroiera.

A l'ombre des hortensias,
L'impatience, le laurier rose,
Le bégonia ou le fuchsia
rivalisent de fleurs écloses.
La pivoine éphémère
Diffuse et libère
Les subtiles essences
Qui attirent en son sein
Les abeilles en essaim.

Souvenez-vous la belle
Des promenades que vous fîtes,
Souvenez-vous princes et rois,
Des allées festonnées de toutes ces ombelles.
Souvenez-vous de ces folles années
Qui emplirent votre coeur,
Souvenez-vous de votre favorite,
Des promenades bras dessus, bras dessous,
Qui guideront vos pas d'amoureux fous
Vers le puits légendaire.
Il est et reste le sanctuaire
De tous ceux qui s'aiment
Même s'ils furent téméraires.

Quand sera venue l'heure de la vendange
Quand sera le temps d'engranger la moisson,
Il sera bien doux
De prendre sur les genoux
Les jeunes petits anges.
Fruits de cette communion.
Les arbres se sont couronnés d'or
Les mousserons et autres champignons
Sans gêne, pointent le bout de leur nez.
Les noix, noisettes et marrons

Font la joie des enfants
pour cet insigne pillage
Les feuilles volètent dans leur dernier voyage
Elles viennent pailleter le sol de leur teintes dorées.
Elles signent ainsi la fin d'un été,
La nouvelle saison
C'est l'automne,
il faut bien se faire une raison

Voici venu le solstice d'hiver,
Les ombres se sont allongées
sous les rayons d'un soleil affaibli.
Les arbres dénudés semblent tous endormis.
Le sol se fend sous l'emprise du gel.
Le jardinier laisse en repos sa terre.
Il inspecte les houes, les râteaux et les pelles.
Fait mille projets , dessine son futur univers.
Il surveille le fruitier, sa fortune,
Passe commande de graines et d'oignons,
Contrôle avec grande attention
Si les semences sont en parfait état.
Quelques jours, quelques lunes;
Après la Saint Sylvestre
L'an nouveau sera là.

Les prés sont argentés de gelée blanche
L'annonce à trois jours
Qu'il va surement pleuvoir
Auraient dit nos ancêtres
On parle neige, et avalanche,
D'ouragans et de tempêtes

Le rouge gorge et le verdier
La mésange et le chardonneret
Semblent bien affamés.
Il nous faudra protéger les mangeoires.
Le mercure est au plus bas,
L'astre lunaire a son halo
Elle est complice de Sapho.
La biche à l'orée se profile,
Elle a soif, elle va boire.
Elle ne craint rien, c'est le soir.
Elle va chercher asile,
Pour le petit qu'elle mettra bas.
Magie d'un court instant
Au pays des chimères.
Dans le silence troublant
Du pays des mille étangs.
Que fut donc notre vie.

Nous invoquons encore,
Les parents, les enfants, la guerre,
Les vacances, la pêche en rivière.

Le froid est au dehors,
Le froid est dans le corps.
Les arbres décharnés
De givre se sont poudrés

Les cheveux ont blanchi,
De nacre se sont ornés.
Que de souvenirs enfouis
Que de bonheurs évanouis.
Nous avons échangé
tant de parcelles d'amour,
Nous avions cultivé
Notre jardin secret.
Dans cette communion.
Dans ce paradis de verdure;
Deux âmes, deux corps
Se sont follement aimés.
J'ai perdu mon armure,
J'ai perdu mon doux pâtre.
Où trouverai-je la force

De vivre et de me battre?
L'être aimé est parti,
Il ne s'est pas enfui,
Il est juste à côté.
Il attend et veille à nos côtés

Quand nous retrouverons nous?
Elfes et lutins,
Dites -moi, quand nous reverrons-nous?
Quelle qu'en sera la fin,
Ce fut un beau voyage,
Etoilé sans mirage.

Ce Poème a été écrit pour un concours organisé par le château de Talcy

J'ai écrit ce message, pour donner espoir à tous ceux et celles qui sont atteints par ce fléau.

La DMLA a gagné de nombreuses batailles, j'ai été secouée, elle me prive de tant de plaisirs, mais je dis, elle n'a pas gagné la guerre. Je suis fille et femme de résistants, je me battrai, je ne vais pas baisser les bras.

La dextérité des doigts, des mains, aident à gérer et l'on peut accomplir plein de travaux qui paraissaient insurmontables.

Je reste à la disposition de tous ceux et celles qui ont besoin de parler, et surtout courage à vous tous

Je remercie tous les amis et parents qui ont bien voulu m'encourager, me complimenter pour mes efforts. Sans eux, j'aurais peut-être cessé de me battre. MICHELLE ET GERARD m'ont offert un tapis de marche, alors je fais une heure de promenade, dans ma chambre avec la fenêtre ouverte, le chant des oiseaux. Je ne crains plus les trottoirs déformés, les rues pavées, les virus, la circulation et le soleil éblouissant, c'est super. Merci pour votre aide précieuse.

Yvette Ostermann

Nouvelle thérapie

Pas de laboratoire,
Pas de remboursement,
Ni même de pharmacien.
Il faut un peu d'espoir,
être un peu magicien,
Et quelqu'égarement.
Prenez quelques grains de folie
Que vous faites germer,
Quelques lettres d'amis
que vous dégusterez,
Quelques tendres pensées
Que vous vous octroierez.
Gardez la solution
A l'abri du grand air
Et de la grande lumière.
Vous prendrez la potion
Aux heures qu'il vous plaira,
Mais n'en n'abusez pas;
Comme tout médicament,
Se prend modérément.
En homéopathie,
Peut se prendre à vie
Pourvu qu'il soit caché
Des regards indiscrets.

Il faudrait éviter
De faire certains excès,
Si par inadvertance,
Vous êtes emportés
Par quelque extravagance,
Prenez vite une dose
Et après une pause,
Et pour de longues heures
Vous sentirez planer
Sur le coeur apaisé,
L'ineffable bonheur
Des âmes envolées.